# NOTICE

SUR LA

# BIBLIOTHÈQUE DU SÉNAT.

Q

# NOTICE



# BIBLIOTHÈQUE DU SÉNAT.

# NOTICE

SUR LA

# BIBLIOTHÈQUE DU SÉNAT.

(1ᵉʳ mai 1852.)

La bibliothèque du Sénat, précédemment celle de la Chambre des Pairs, ne date guère que de la Restauration ; elle est aujourd'hui une des richesses bibliographiques de la capitale, sinon par le nombre des volumes, du moins par leur bon choix et leur spécialité.

Comme celle du Palais Bourbon, la bibliothèque du Luxembourg est surtout à l'usage d'une assemblée politique. L'administration de la Chambre des Pairs s'attacha constamment à la composer pour cette destination, sans la laisser néanmoins étrangère à la théologie, à la littérature, aux sciences et aux arts. Dans ce cadre où elle était placée, un crédit annuel de 10,000 francs pour les livres proprement dits, et de 4,000 francs pour les revues et journaux, permit de l'accroître assez rapidement ; en outre, des crédits spéciaux étaient accordés volontiers par la Chambre pour des acquisitions précieuses, quand l'occasion s'en présentait.

Ainsi, elle ne négligea point d'acheter une curieuse collection formée par Guibert de Pixérécourt, bibliophile aussi distingué que célèbre dramaturge. Renfermée dans 150 boîtes portant l'effigie d'une tête de mort surmontée d'un bonnet rouge, avec les mots : *Liberté, Égalité, Fraternité, ou la Mort,* cette collection se compose de tous les pamphlets, chansons, pièces satiriques en prose ou en vers, pièces de théâtre, almanachs, publiés pendant la durée de la première révolution. En parcourant ce recueil plein de variété, on rencontre souvent Mirabeau, Camille Desmoulins, Saint-Just, Couthon, Marat, Robespierre, et d'autres dont les noms sont tour-à-tour exaltés ou maudits, les portraits ornés de couronnes ou traînés aux gémonies.

Les yeux et l'esprit peuvent se reposer sur des tableaux d'une toute autre nature, par exemple, et sans sortir des grandes collections, sur celle qui fut donnée à la bibliothèque par le vicomte de Morel Vindé, ancien Pair de France. Cette vaste galerie renferme, dans un ensemble de 140 cartons de format atlantique, plus de 40,000 pièces, cartes géographiques, plans de villes, de forteresses, vues de vieux châteaux, gravures d'œuvres de grands maîtres. Deux de ces cartons sont consacrés à un *Monasticum* des plus complets ; un autre à une collection de plans de Paris anciens et rares, consultés souvent par quelques savants amateurs des antiquités de Paris. La bibliothèque compte parmi ses plus précieuses collections celles de Guibert de Pixérécourt et de M. Morel de Vindé, les registres manuscrits de l'ancien Parlement français, avec les tables de Lenain ; les procès-verbaux des assemblées du clergé de France, et les actes du Parlement de la Grande-Bretagne.

Par des acquisitions de tous les jours, elle se procurait les meilleurs ouvrages, anciens ou nouveaux, d'histoire, de politique, de jurisprudence, d'administration. Certains livres échappaient-ils, par hasard, à l'attention du bibliothécaire, ils lui étaient signalés par les membres de la Chambre des Pairs, composée de notabilités de toutes sortes, au courant de ce qui se publiait d'important, chacune dans sa spécialité. On s'empressait de satisfaire à des demandes, presque toujours conformes à l'esprit général qui présidait à la composition de la bibliothèque.

Le crédit annuel de 4,000 fr. pour les journaux et revues prouve l'importance attachée par la Chambre aux imprimés périodiques, où, avec raison, elle voyait surgir une nouvelle puissance. Aussi, la bibliothèque du Luxembourg est-elle, avec celle du Palais Bourbon, la plus riche des bibliothèques de Paris en revues et journaux judiciaires, administratifs, littéraires et surtout politiques. Elle renferme, depuis leur origine, les principaux journaux de notre pays. Quelques-uns des plus considérables de l'étranger y ont aussi leur place, comme la *Gazette d'Augsbourg*, le *Times*, le *Quarterly review*, la *Revue d'Edimbourg* et autres. Le *Père Duchêne*, le *Vieux Cordelier*, l'*Ami du Peuple*, l'*Orateur du Peuple*, le *Journal de la Montagne*, le *Journal de la Convention*, et tous les journaux les plus célèbres, nés de la grande révolution, sont venus successivement former, sur les rayons, une des collections les plus complètes qui existent en ce genre.

La Chambre des Pairs échangeait les documents émanés de ses délibérations contre ceux de plusieurs autres Etats de l'Europe, tels que l'Angleterre, la Prusse, l'Espagne, la Suède, les États-Unis. Un tel échange devait contribuer en peu d'années à une augmentation notable de la bibliothèque, dont ces collections parlementaires, ces corps de droit de l'étranger, forment un des caractères distinctifs. Avec l'Angleterre, cet échange, qui s'effectuait par l'intermédiaire et pour la bibliothèque de la Chambre des Lords, ne se bornait point à des documents législatifs et parlementaires; il s'étendait à des publications de diverse nature, conformes cependant à la spécialité des bibliothèques des deux Chambres hautes, qui faisaient relier avec grand soin ce qu'elles s'adressaient réciproquement. Les ouvrages provenant de la Chambre des Lords sont une des grandes valeurs de la bibliothèque du Luxembourg ; il en est qu'on chercherait vainement dans les autres, même dans celle du Corps Législatif. La Chambre des Lords rivalisait avec la Chambre des Pairs par la richesse de ses envois, mais elle ne la surpassait pas, quoique le crédit annuel de sa bibliothèque fût une fois plus considérable que celui de sa rivale en courtoisie.

Après la révolution de février, la bibliothèque de l'ex-Chambre des Pairs servit à la Commission d'organisation du travail présidée par Louis Blanc, puis à la Commission exécutive : ces Commissions s'établirent, comme on sait, l'une et l'autre au palais du Luxembourg. Ensuite, il fallut lui trouver un emploi pour sauver son existence menacée, le palais n'étant plus en quelque sorte qu'une caserne. La publicité fut réclamée pour elle. Étant toute spéciale, elle ne pouvait être livrée à tout le monde. D'autres raisons militaient contre une publicité complète : son emplacement dans la partie tout-à-fait intérieure du palais, le nombre restreint des ouvrages qui la composent, un personnel d'employés trop limité, les livres sans défense sur des rayons non pourvus de grillages. Du Ministère des Travaux publics, alors occupé par M. de Lacrosse, qui l'avait prise en grande sollicitude, la bibliothèque venait de passer dans les attributions du Ministère de l'Instruction publique. Comprenant qu'elle ne pouvait demeurer, entre ses mains surtout, lettre-morte pour beaucoup de personnes intéressées par sa spécialité même, ce dernier Ministère la rendit accessible aux membres des anciennes Assemblées législatives, aux magistrats, aux fonctionnaires de l'Université, et à d'autres personnes pouvant y trouver des ressources pour leurs travaux. Sous ce régime transitoire, elle trouva le calme après la tempête et put attendre des jours meilleurs.

La bibliothèque du Sénat doit à l'agrandissement du palais un local tout-à-fait digne de sa destination. Grâce à cette construction, œuvre d'un artiste dont le nom est désormais inséparable de celui de Jacques Debrosses dans l'histoire du Luxembourg, elle se trouve en grande partie logée maintenant dans la magnifique galerie faisant face à l'Observatoire, et de plain pied avec la salle des séances, dont elle n'est séparée que par la largeur d'un couloir circulaire. Ce voisinage, et l'attrait de la charmante perspective du jardin à travers de nombreuses croisées, y attireront souvent MM. les Sénateurs, comme autrefois les Pairs, qui en usaient autant comme d'une salle des Pas-Perdus que comme d'une bibliothèque. Le stuc, le marbre, le chêne sculpté, la dorure, la peinture, s'y disputent l'espace. M. Eugène Delacroix n'a pas compté en vain sur l'abondante lumière qui y règne pour sa peinture de la coupole du milieu, dont le sujet est l'Élysée des grands hommes, décrit par le Dante au iv<sup>e</sup> chant de *l'Enfer*. Dans cette œuvre importante, comme dans celle de l'hémicycle voisin, où Alexandre-le-Grand est peint ordonnant, après la bataille d'Issus, que les poèmes d'Homère soient conservés dans une cassette d'or, on reconnaît les qualités éminentes de M. Delacroix et les défauts que lui reproche l'école classique. MM. Riesener et Camille Roqueplan se sont partagé la décoration des autres parties du plafond, qui ne perd rien pour avoir attendu assez longtemps le contingent de ce dernier artiste. A l'est et à l'ouest de cette principale galerie de la bibliothèque, où conduit le grand escalier d'honneur, sont deux statues, par Foyatier et Nanteuil, l'une représentant Montesquieu, l'autre Estienne Pasquier. Au centre, quatre statues de plus petite proportion : la Poésie, l'Histoire, la Science, et la Philosophie, par MM. Desbœufs et Simart.

La nouvelle administration du Luxembourg a déjà prouvé qu'elle ne veut pas faire moins pour la bibliothèque que les assemblées qui ont précédé le Sénat dans ce palais. Un crédit proportionné à l'importance de sa destination permettra de combler peu à peu une lacune regrettable de quatre années dans l'acquisition des livres, et de rendre la bibliothèque du Luxembourg digne du premier corps de l'Etat.

IMPRIMÉ PAR HENRI ET CHARLES NOBLET,

RUE SAINT-DOMINIQUE-SAINT-GERMAIN, 56.

www.ingramcontent.com/pod-product-compliance
Lightning Source LLC
LaVergne TN
LVHW010252030726
842520LV00007B/2902